AF131730

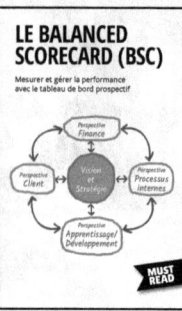
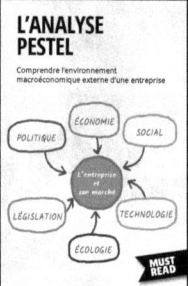

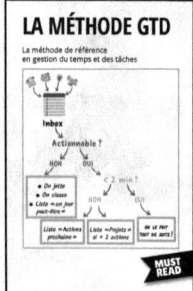

Une publication de Peter Lanore

LA MÉTHODE PODOMORO

Gérer son temps efficacement

LA MÉTHODE POMODORO   5

Introduction de la méthode Pomodoro   5

Description de la méthode Pomodoro   5

Comment utiliser la méthode Pomodoro   9

Avantages et forces de la méthode Pomodoro   11

Inconvénients et limites de la méthode Pomodoro   12

Alternatives et modèles complémentaires
de la méthode Pomodoro   13

Applications de la méthode Pomodoro   15

Pour aller plus loin de la méthode Pomodoro   19

Conclusions et recommandations d'usage
de la méthode Pomodoro   20

LA MÉTHODE POMODORO

INTRODUCTION

La méthode Pomodoro est une technique de gestion du temps développée dans les années 1980 par Francesco Cirillo, un étudiant italien. L'idée originale de cette technique est venue à Cirillo, alors qu'il cherchait un moyen de se concentrer et de maximiser son temps d'étude. Il a utilisé une minuterie de cuisine en forme de tomate (*pomodoro* en italien) pour diviser son temps en périodes de travail de 25 minutes, séparées par de courtes pauses de 5 minutes.

Au fil du temps, la méthode Pomodoro s'est développée pour inclure des cycles de travail plus longs et des pauses plus courtes, ainsi que des techniques pour aider les utilisateurs à rester concentrés et productifs. Aujourd'hui, la méthode Pomodoro est largement utilisée dans le monde entier par des étudiants, des travailleurs indépendants et des professionnels de tous les secteurs. La technique est souvent citée comme un moyen efficace d'améliorer la concentration, la productivité et la gestion du temps.

DESCRIPTION

La méthode Pomodoro est une technique simple et efficace pour améliorer la gestion du temps et la productivité. Voici une description détaillée de la méthode Pomodoro :

- **planification** : avant de commencer, il faut prendre le temps de planifier les tâches que vous souhaitez accomplir et établir des objectifs clairs. Il est important de noter que la méthode Pomodoro peut être utilisée pour toutes sortes de tâches, qu'il s'agisse de travailler sur un projet, de rédiger un rapport, de nettoyer la maison, etc. ;

- **r**églage de la minuterie : il faut régler une minuterie pour une période de travail de 25 minutes. Vous pouvez utiliser une minuterie de cuisine, une application de minuterie sur votre téléphone ou votre ordinateur ;

- **travail** : pendant les 25 minutes de travail, il faut rester concentré sur sa tâche et travailler sans interruption. Il faut donc éviter les distractions comme les appels téléphoniques, les messages ou les notifications. Si vous avez une idée qui vous vient à l'esprit pendant votre travail, notez-la sur une feuille de papier et revenez-y plus tard ;

- **pause courte** : lorsque la minuterie sonne, il faut s'arrêter et prendre une pause de 5 minutes. Cette pause vous permettra de vous reposer, de vous étirer, de boire de l'eau ou de faire une activité de détente. Il faut éviter les activités qui vous distrairont de votre travail, comme les réseaux sociaux ;

- **r**épétition : après votre pause de 5 minutes, il convient de reprendre un cycle de travail de 25 minutes. Ce cycle doit être répété quatre fois de suite, puis il faut prendre une pause plus longue de 15 à 30 minutes. Cela vous permettra de vous reposer et de récupérer avant de reprendre votre travail.

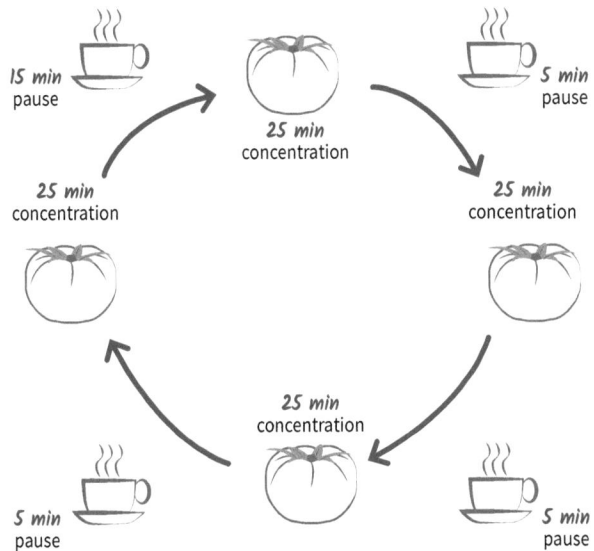

La blogueuse britannique et auteure Laura Vanderkam a utilisé la méthode Pomodoro pour écrire un livre intitulé *What the Most Successful People Do Before Breakfast*. Elle a divisé son temps d'écriture en périodes de 25 minutes, suivies de courtes pauses, afin de maximiser sa productivité et de maintenir sa concentration.

En utilisant la méthode Pomodoro, Vanderkam a pu écrire 1 000 à 1 500 mots par heure, ce qui représente une productivité impressionnante. Elle a également noté que la méthode l'a aidée à éviter les distractions et les interruptions, ce qui lui a permis de rester concentrée sur sa tâche.

Cet exemple montre comment la méthode Pomodoro peut être utilisée pour améliorer la productivité et la concentration dans des contextes professionnels et créatifs. En adaptant la méthode à ses besoins spécifiques, Vanderkam a pu accomplir plus en moins de temps et atteindre ses objectifs d'écriture.

 La méthode Pomodoro est une technique de gestion du temps qui est de plus en plus utilisée par les entreprises et les professionnels pour améliorer leur productivité et leur efficacité. Voici quelques exemples de sociétés et d'organisations qui utilisent la méthode Pomodoro :

- Google encourage l'utilisation de la méthode Pomodoro pour gérer le temps et améliorer la productivité de ses employés ;

- Basecamp, société de logiciels, utilise la méthode Pomodoro pour aider ses employés à rester concentrés et productifs tout au long de la journée ;

- Trello, une application de gestion de tâches en ligne, intègre des minuteries Pomodoro pour aider les utilisateurs à suivre leur temps de travail et à rester concentrés ;

- HubSpot, société de logiciels de marketing, utilise la méthode Pomodoro pour aider ses employés à gérer leur temps et à rester productifs tout au long de la journée ;

- Asana, application de gestion de projet, offre également des fonctionnalités de minuterie Pomodoro pour aider les utilisateurs à optimiser leur temps de travail.

Ces exemples montrent que la méthode Pomodoro est largement utilisée dans les entreprises de toutes tailles et dans tous les secteurs pour aider les employés à rester concentrés, à gérer leur temps et à améliorer leur productivité.

COMMENT UTILISER LA MÉTHODE POMODORO

La méthode Pomodoro est une technique de gestion du temps simple mais efficace qui peut être utilisée dans de nombreux contextes pour améliorer la productivité. Voici comment utiliser la méthode Pomodoro dans différents contextes :

- **au travail** : la méthode Pomodoro peut être utilisée pour améliorer la productivité au travail. Si vous travaillez sur un projet qui nécessite de la concentration, utilisez la méthode Pomodoro pour vous concentrer sur des périodes de 25 minutes, suivies de pauses courtes de 5 minutes. Cela vous aidera à rester concentré, à éviter les distractions et à accomplir plus en moins de temps ;

- **à l'école** : les étudiants peuvent utiliser la méthode Pomodoro pour gérer leur temps et améliorer leur efficacité. Si vous devez étudier pour un examen ou écrire un essai, utilisez la méthode Pomodoro pour vous concentrer sur des périodes de 25 minutes, suivies de pauses courtes de 5 minutes. Cela vous aidera à rester concentré et à éviter les distractions ;

- **à la maison** : la méthode Pomodoro peut être utilisée pour accomplir des tâches ménagères ou des projets à la maison. Si vous avez une liste de choses à faire, utilisez la méthode Pomodoro pour vous concentrer sur des périodes de 25 minutes, suivies de pauses courtes de 5 minutes. Cela vous aidera à vous concentrer sur les tâches à accomplir et à éviter les distractions ;

- **dans les loisirs** : la méthode Pomodoro peut également être utilisée pour optimiser votre temps de loisir. Si vous avez un passe-temps ou une activité que vous aimez, utilisez la méthode Pomodoro pour vous concentrer sur des périodes de 25 minutes, suivies de pauses courtes de 5 minutes. Cela vous aidera à vous concentrer sur votre activité et à éviter les distractions.

Pour utiliser la méthode Pomodoro, vous devez suivre des étapes.

La technique Podomoro

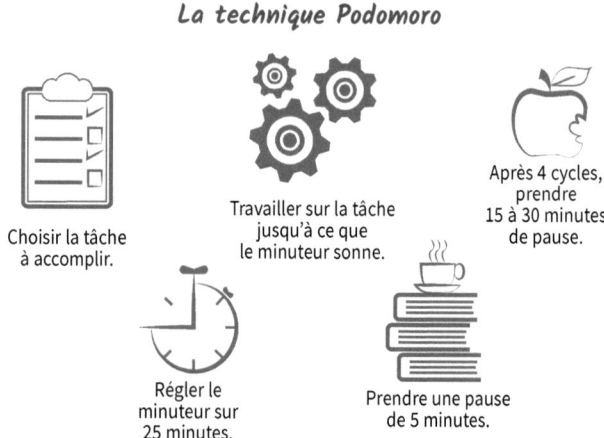

Choisir la tâche à accomplir.

Travailler sur la tâche jusqu'à ce que le minuteur sonne.

Après 4 cycles, prendre 15 à 30 minutes de pause.

Régler le minuteur sur 25 minutes.

Prendre une pause de 5 minutes.

AVANTAGES ET FORCES

La méthode Pomodoro est une technique de gestion du temps qui offre de nombreux avantages et forces pour améliorer la productivité et la concentration :

- la méthode Pomodoro permet de se concentrer sur des périodes de 25 minutes, suivies de courtes pauses de 5 minutes. En travaillant de cette manière, vous pouvez maximiser votre temps de travail et **améliorer votre productivité** ;

- en vous concentrant sur des périodes de 25 minutes, vous vous forcez à rester concentré et à éviter les distractions. Cela vous permet d'**optimiser votre concentration** et de rester motivé tout au long de la journée ;

- la méthode Pomodoro vous aide à gérer votre temps et à accomplir plus en moins de temps. Cela peut **réduire le stress** lié aux échéances et aux tâches à accomplir ;

- en travaillant de manière concentrée, vous pouvez **améliorer la qualité de votre travail**. Vous pouvez éviter les erreurs et les fautes d'inattention, ce qui peut améliorer la qualité de votre travail ;

- la méthode Pomodoro permet également de **favoriser la créativité**. En vous concentrant sur des périodes de travail, suivies de pauses courtes, vous pouvez laisser libre cours à votre créativité et explorer de nouvelles idées ;

- favorise l'apprentissage : la méthode Pomodoro peut également être utilisée pour **favoriser l'apprentissage**. En vous concentrant sur des périodes de travail de 25 minutes, suivies de pauses courtes, vous pouvez assimiler de nou-velles informations plus facilement;

- la méthode Pomodoro est **facilement adaptable** à toutes les tâches et à tous les contextes. Que vous travailliez, étu-diez ou accomplissiez des tâches ménagères, la méthode Pomodoro peut être utilisée pour optimiser votre temps et améliorer votre productivité.

La méthode est simple, ce qui ne l'empêche pas d'être très efficace si elle est utilisée correctement et avec diligence.

INCONVÉNIENTS ET LIMITES

Bien que la méthode Pomodoro présente de nombreux avan-tages pour améliorer la productivité et la concentration, elle présente également certains inconvénients et limitations:

- la méthode Pomodoro implique de travailler de manière concentrée pendant de courtes périodes de temps, suivies de courtes pauses. Cette méthode **peut ne pas convenir à tous** les types de personnalité ou à tous les types de tâches;

- si vous êtes constamment interrompu pendant vos périodes de travail, cela peut **perturber le cycle de travail** et de pause, ce qui peut réduire l'efficacité de la méthode;

- si vous travaillez sur une tâche qui nécessite plus de 25 minutes pour être accomplie, la méthode Pomodoro peut être difficile à gérer. Dans ce cas, vous pouvez essayer d'adapter la méthode en travaillant sur des sections plus courtes de la tâche ou en modifiant la durée des périodes de travail;

- pour certaines personnes, **des pauses de 5 minutes peuvent être insuffisantes** pour se reposer et se ressourcer. Dans ce cas, vous pouvez adapter la méthode en prenant des pauses plus longues ;

- la méthode Pomodoro est conçue pour des tâches qui nécessitent de la concentration et de la réflexion. La méthode **peut ne pas être adaptée** à des tâches plus créatives ou plus collaboratives.

En conclusion, bien que la méthode Pomodoro offre de nombreux avantages pour améliorer la productivité et la concentration, elle présente également certains inconvénients et limitations. Il est important de comprendre ces limitations et de les adapter en conséquence pour utiliser la méthode Pomodoro de manière efficace.

ALTERNATIVES ET MODÈLES COMPLÉMENTAIRES

Il existe également d'autres méthodes de gestion du temps qui peuvent être utilisées en complément ou en alternative à la méthode Pomodoro :

- la **méthode de travail en blocs** consiste à travailler par blocs de temps plus longs, généralement de 90 à 120 minutes, suivis de courtes pauses. Cette méthode permet de se concentrer sur des tâches plus longues et de maintenir la concentration sur une plus longue période ;

- la **méthode des 60-60-30** consiste à travailler pendant 60 minutes, suivies de 60 minutes de pause, puis de 30 minutes de travail. Cette méthode permet de se concentrer sur des périodes plus longues, tout en offrant des pauses plus longues pour se reposer et récupérer;

- la **méthode Kanban,** méthode de gestion de projet, utilise un tableau visuel pour suivre les tâches à accomplir, en cours et terminées. Cette méthode permet de visualiser clairement les tâches à accomplir et de suivre leur progression;

- la **méthode Eisenhower** consiste à trier les tâches en fonction de leur urgence et de leur importance. Cela permet de se concentrer sur les tâches les plus importantes et les plus urgentes en premier, afin de maximiser la productivité;

- la méthode **Seinfeld** consiste à travailler sur une tâche chaque jour et à marquer cette tâche sur un calendrier. L'objectif est de maintenir une série de jours consécutifs pendant lesquels la tâche est accomplie, ce qui permet de maintenir la motivation et l'engagement.

En utilisant ces techniques alternatives ou similaires, vous pouvez trouver une méthode de gestion du temps qui convient le mieux à vos besoins et à votre style de travail. La clé est de trouver une méthode qui vous permette de rester concentré et productif, tout en adaptant la méthode à vos besoins spécifiques.

 **APPLICATIONS**

Voici des cas pratiques d'utilisation de la méthode Pomodoro pour mieux comprendre comment l'utiliser dans la vie quotidienne.

Étude de cas 1 : un étudiant qui doit réviser pour un examen important

Il a un grand nombre de notes et de lectures à étudier, et il est souvent distrait par des notifications sur son téléphone ou des pensées distractives.

Voici comment il pourrait utiliser la méthode Pomodoro pour améliorer sa concentration et sa productivité :

- *planification* : avant de commencer à étudier, il doit planifier les tâches qu'il souhaite accomplir. Il établit des objectifs clairs et définit les matières qu'il va étudier ;
- *réglage de la minuterie* : il programme une minuterie pour une période de travail de 25 minutes ;
- *travail* : pendant les 25 minutes de travail, il se concentre sur l'étude de la matière. Il évite les distractions et les interruptions en désactivant les notifications de son téléphone et en fermant les autres programmes sur son ordinateur ;
- *pause courte* : lorsque la minuterie sonne, il s'arrête et prend une pause de 5 minutes. Il s'étire, fait une promenade rapide ou prend une collation légère ;

- *répétition* : il répète ce cycle quatre fois de suite, puis prend une pause plus longue de 15 à 30 minutes. Il répète le cycle de travail et de pause jusqu'à ce qu'il ait atteint son objectif.

En utilisant la méthode Pomodoro de cette manière, il pourra améliorer sa concentration et sa productivité, tout en évitant les distractions et les interruptions. Il peut également adapter la méthode à ses besoins spécifiques en modifiant la durée des périodes de travail ou de pause, en fonction de son niveau de concentration et de fatigue.

En conclusion, la méthode Pomodoro peut être utilisée dans de nombreux contextes pour améliorer la concentration et la productivité. En utilisant la méthode de manière régulière et en l'adaptant à vos besoins spécifiques, vous pouvez accomplir plus en moins de temps et améliorer votre efficacité.

Étude de cas 2 : l'apprentissage d'un instrument de musique

Imaginez que vous voulez apprendre à jouer d'un nouvel instrument de musique, mais que vous avez du mal à trouver le temps pour pratiquer régulièrement. Vous décidez d'utiliser le modèle Pomodoro pour structurer votre temps de pratique :

- *fixez un objectif clair* : vous décidez que vous allez pratiquer pendant une heure chaque jour ;
- *divisez votre temps de pratique en intervalles Pomodoro* : vous allez pratiquer par intervalles de

25 minutes, suivis de courtes pauses de 5 minutes. Vous planifiez donc 4 intervalles Pomodoro de pratique, avec des pauses de 5 minutes entre chaque intervalle ;

- *préparez votre espace de pratique* : assurez-vous que vous avez tout ce dont vous avez besoin à portée de main, comme votre instrument de musique, des partitions, etc. ;

- *dé*marrez le premier intervalle *Pomodoro* : réglez une minuterie pour 25 minutes et commencez à pratiquer votre instrument. Concentrez-vous sur votre pratique pendant toute la durée de l'intervalle, sans vous laisser distraire par d'autres activités ;

- *prenez une courte pause* : après 25 minutes, la minuterie sonne et vous prenez une courte pause de 5 minutes. Profitez-en pour vous étirer, boire de l'eau ou faire une petite activité de relaxation ;

- *ré*pétez l'opération pour les trois intervalles *Pomodoro suivants* : continuez à pratiquer par intervalles Pomodoro de 25 minutes, suivis de courtes pauses de 5 minutes. Après chaque intervalle, prenez une pause de 5 minutes pour vous détendre et vous reposer ;

- *évaluez votre progression* : après avoir terminé les quatre intervalles Pomodoro de pratique, évaluez votre progression. Avez-vous réussi à vous concentrer pendant les 25 minutes de chaque intervalle ? Avez-vous atteint votre objectif de pratique d'une heure ? Notez vos réussites et vos difficultés pour ajuster votre pratique la prochaine fois.

En utilisant la méthode Pomodoro de manière régulière, vous pouvez également améliorer votre productivité et votre concentration, que vous travailliez sur un projet créatif, que vous étudiiez pour un examen ou que vous accomplissiez des tâches ménagères. La clé est de trouver la méthode de travail qui convient le mieux à vos besoins et à votre style de travail, et d'être cohérent dans l'application de la méthode.

POUR ALLER PLUS LOIN

Voici quelques lectures si vous souhaitez en savoir plus sur la méthode Pomodoro et comment l'utiliser de manière efficace. Vous pouvez également trouver des ressources supplémentaires en ligne, telles que des applications et des outils, pour vous aider à mettre en pratique la méthode Pomodoro dans votre vie quotidienne.

- *La technique Pomodoro* de Francesco Cirillo. Ce livre est écrit par le créateur de la méthode Pomodoro et fournit une description détaillée de la méthode et de ses applications pratiques. Le livre est disponible en anglais, italien, espagnol et portugais.

- *Pomodoro Technique Illustrated* de Staffan Noteberg. Ce livre offre une approche pratique pour utiliser la méthode Pomodoro et améliorer votre productivité. Il est disponible en anglais et en français.

- «Getting Started With The Pomodoro Technique» sur *Lifehacker*. Cet article fournit un guide étape par étape pour utiliser la méthode Pomodoro et l'adapter à vos besoins spécifiques.

- «The Pomodoro Technique: Is It Right for You?» sur *The Muse*. Cet article fournit une analyse approfondie de la méthode Pomodoro, ses avantages et ses limitations, et comment l'utiliser de manière efficace.

- La chaîne YouTube *The Productivity Game.* Cette chaîne YouTube propose une série de vidéos sur la méthode

Pomodoro et d'autres techniques de gestion du temps pour améliorer la productivité.

CONCLUSIONS ET RECOMMANDATIONS D'USAGE

En utilisant la méthode Pomodoro de manière efficace, vous pouvez améliorer votre productivité, votre concentration et votre efficacité dans votre vie quotidienne.

Voici quelques recommandations pour utiliser efficacement la méthode Pomodoro :

- avant de commencer à travailler, planifiez les tâches que vous devez accomplir. Établissez des objectifs clairs et définissez les matières que vous allez étudier ou les tâches que vous allez accomplir ;

- évitez les distractions et les interruptions en désactivant les notifications de votre téléphone et en fermant les autres programmes sur votre ordinateur ;

- adaptez la méthode à vos besoins spécifiques en modifiant la durée des périodes de travail ou de pause, en fonction de votre niveau de concentration et de fatigue ;

- prenez des pauses régulières et courtes toutes les 25 minutes pour vous reposer et vous ressourcer, puis prenez une pause plus longue toutes les quatre sessions de travail ;

- pour que la méthode Pomodoro fonctionne efficacement, il est important d'être cohérent dans son application. Utilisez la méthode de manière régulière et adaptée à vos besoins pour maximiser votre productivité et améliorer votre concentration.

Votre avis nous intéresse !
Laissez un commentaire sur le site de votre librairie en ligne
et partagez vos coups de cœur sur les réseaux sociaux !

L'éditeur veille à la fiabilité des informations publiées, lesquelles ne pourraient toutefois engager sa responsabilité.

www.50minutes.com

ISBN version numérique : 9782808696555
ISBN version papier : 9782808696050
Dépôt légal : D/2023/12603/1979

Couverture : © Primento

Conception numérique : Primento, le partenaire numérique des éditeurs